HUIT JOURS
EN
FRANCHE-COMTÉ

Par G. RONAT.

ILLUSTRÉ DE 25 GRAVURES.

Société de Saint-Augustin.
DESCLÉE, DE BROUWER ET Cie.
LILLE-PARIS. — 1894.

Huit jours en Franche-Comté.

15ᵐᵉ SÉRIE.

HUIT JOURS
EN
FRANCHE-COMTÉ

~~~ Par G. RONAT. ~~~

ILLUSTRÉ DE 25 GRAVURES.

Société de Saint-Augustin.
DESCLÉE, DE BROUWER ET Cie.
LILLE-PARIS. — 1894.

DOLE. — Vue des bords du Doubs.

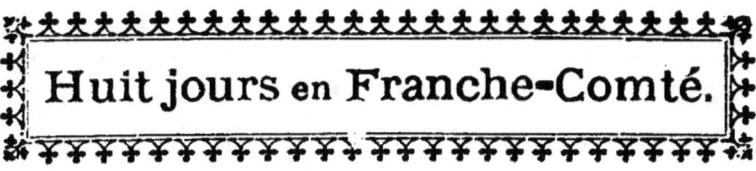

CHAPITRE PREMIER.

DOLE.

« Quelle triste fin de vacances nous allons passer à Dôle, Carmèle. Il me semble que ces vieilles portières vont se soulever et donner passage à quelque conseiller de l'ancien Parlement de Franche-Comté qui nous apparaîtra avec sa perruque poudrée et sa robe fourrée d'hermine. Oh ! pourquoi maman ne nous a-t-elle pas gardées avec elle à Lous-le-Saulnier ? »

Ainsi parlait Andréita de Cadérac quelques années après l'heureux été qu'elle avait passé à Chamouni : « Mais tu sais bien, lui répondit Carmèle, que, notre petite sœur Franceline ayant pris la coqueluche, nos trois frères étaient exposés à la prendre aussi, juste au moment de la rentrée des classes au collège de Dôle. Melle Aubriel a été bien bonne en nous invitant tous les cinq à venir passer la fin des vacances chez elle, dans cet antique hôtel que je trouve fort curieux. »

« Melle Aubriel est certainement très bonne, mais elle est... »

« Bien vieille pour ses petits hôtes, dit en souriant Melle Aubriel qui entrait au salon, ayant tout entendu par la porte entr'ouverte. Mais regardez bien ce jeune homme... Le reconnaissez-vous ? »

« François Darcey ! notre cousin de Savoie ! s'écrièrent les deux petites filles. Vous l'avez invité à cause de nous : oh ! que vous êtes bonne ! »

« C'est votre cousin qu'il faut remercier, car il s'est privé de la dernière semaine qu'il aurait pu passer avec ses parents. »

« J'étais trop heureux de votre aimable invitation et de vos bontés pour mes petits cousins, répondit François en s'inclinant devant Melle Aubriel. J'arrive d'abord muni de carnets et de crayons pour prendre des notes sur tout ce que je verrai, et j'espère bien que ces huit jours de vacances me seront aussi utiles qu'agréables. J'ai déjà admiré de loin la haute tour carrée qui domine votre belle église, et l'aspect original de cette petite ville de Dôle dont les rues inégales et les maisons irrégulières s'étagent sur un coteau planté de vignes. Quoique simple sous-préfecture, Dôle me paraît bien supérieure à Lons-le-Saulnier, qui est pourtant le chef-lieu du département du Jura. »

« En effet, Dôle est plus importante par son industrie, répondit Melle Aubriel. Elle possède de beaux moulins, des scieries, des ateliers de construction, des fabriques d'instruments agricoles. Les Dôlois sont fiers de leurs annales, car l'histoire de leur ville ne se confond pas avec celle des maîtres qui l'ont prise, cédée ou vendue. Ils s'efforçaient de la défendre eux-mêmes, et nous vous montrerons la « Cave d'Enfer », où ils luttèrent héroïquement contre l'armée de Louis XI. Dôle était autrefois la capitale de la Franche-Comté, le siège de l'Université et du Parlement. »

Tout en causant avec la vieille demoiselle, François avait fait honneur à la collation improvisée par ses cousines, et il se trouvait tout disposé à sortir avec elles pour visiter Dôle. La bibliothèque, les collections de tableaux, de médailles et d'antiquités l'auraient retenu longtemps, si les deux petites filles, toujours peu studieuses, ne l'avaient entraîné ailleurs.

« Je te montrerai demain des vestiges de voies romaines, des débris de pilastres, lui dit Carmèle, et tu pourras te livrer à un interminable entretien avec Melle Aubriel pour savoir si Dôle occupe l'emplacement d'une antique cité romaine appelée Didatium. Mais, pour le moment, viens avec nous à l'Esplanade Saint-Maurice... Nous y voici ; qu'en penses-tu ? »

« Oh ! quel superbe panorama ! s'écria François. Je vois le Doubs, le canal du Rhin au Rhône, la Loue, et, par delà les campagnes du Finage et de la Bresse, les croupes allongées, uniformes, du grand Jura. Voici tout près de Dôle l'immense forêt de Chaux dont j'ai souvent entendu parler... Mais quoi ! la brume s'élève vers le sud-est... il me semble que j'aperçois les Alpes de Savoie. Oui, c'est bien la double cime du Mont-Blanc ! » Et le jeune Savoyard se découvrit dans un élan d'enthousiasme qui éveilla la gaîté de ses malicieuses cousines.

Dans l'après-midi, on alla visiter le collège des Pères de la Compagnie de Jésus à Notre-Dame de Mont-Roland. Xavier, Dominique et Rodrigue de Cadérac en firent les honneurs à leurs sœurs et à leur cousin comme des habitués de la maison. Ils étaient heureux de se retrouver auprès de leurs maîtres vénérés et pensaient sans trop de chagrin au jour de la rentrée.

Aux environs de Dôle.

Que ferons-nous ce matin, Mademoiselle ? demandèrent les petites filles en entrant le lendemain dans la bibliothèque, où François avait déjà étudié l'atlas et l'annuaire du département. Nous ne nous amuserons pas autant qu'hier, il n'y a plus rien à voir à Dôle. »

« Regardez par la fenêtre, » répondit

en souriant Melle Aubriel. Un vaste landau les attendait et les conduisit tous les sept sur les rives charmantes du Doubs. Fidèle à ses habitudes, François eut bientôt le crayon à la main, traçant sur son album le cours bizarre de cette rivière, qui prend sa source au pied du mont Rixon, près de la frontière suisse, et coule d'abord du sud au nord, arrosant toute la partie orientale du département du Doubs.

« Comme on apprend vite et bien avec François ! s'écria Xavier. Je me rends compte pour la première fois de la direction du Doubs. Je vois qu'il baigne Pontarlier, forme près de Morteau la célèbre cataracte que nous appelons le *Saut du Doubs*, puis, au-dessous de Montbéliard, il s'incline brusquement vers le sud-ouest pour passer à Baume-les-Dames, Besançon, Dôle, et tomber enfin dans la Saône à Verdun. »

« Quand tu expliqueras les Commentaires de Jules César, l'année prochaine, lui dit son cousin, tu n'auras pas de peine à comprendre pourquoi le conquérant des Gaules appelle le Doubs *Alba Dubis*.

Ce dernier nom semble indiquer, en effet, l'incertitude avec laquelle la rivière Dubis paraît chercher son cours. Tu verras aussi que, sous le nom de *Sequana*, Jules César désigne la province que nous appelons la Franche-Comté. Après avoir appartenu à diverses maisons princières, la Franche-Comté fut conquise par Louis XIV et définitivement réunie à la France par le traité de Nimègue, en 1678. »

« Les Franc-Comtois regardèrent longtemps les Français comme leurs ennemis, continua Melle Aubriel. Cent ans après le traité de Nimègue, ils demandaient encore qu'on les enterrât le visage contre terre ; c'était une sorte de protestation contre la conquête. Aujourd'hui la France n'a pas d'enfants plus fidèles que les habitants du Jura, du Doubs et de la Haute-Saône, les trois départements formés par la Franche-Comté. Mais nous arrivons à cette forêt de Chaux, qui couvre une superficie de 20.000 hectares. Je ne puis, mon jeune ami, vous offrir une chasse au sanglier, quoique ce redoutable gibier soit encore abondant dans la plaine. Il faudra vous contenter de celui que vous pourrez abattre à l'aide d'un Lefaucheux et d'un chien de chasse, perdrix rouges et grises, gelinottes, bec-figues, bécasses, etc. Voici un robuste Jurassien qui vous servira de guide. »

Tandis que François disparaissait derrière les chênes rouvres et les chênes blancs, les peupliers trembles, les tilleuls et les érables sycomores, qui sont les principales essences des forêts de la plaine, ses cousins apprêtèrent gaîment un repas rustique dans une jolie clairière. Un foyer construit par Xavier permit à ses sœurs de faire cuire des pommes de terre sous la cendre, et, les caissons de la voiture ayant révélé les trésors cachés par la prévoyante Melle Aubriel, on put faire plusieurs omelettes au jambon ! Dominique et Rodrigue avaient parcouru la forêt, tenant à la main les petites caisses munies d'un râteau qui servent à ramasser les airelles, et François déclara à son retour qu'il n'avait jamais vu de repas aussi appétissant. Cette journée fut agréablement clôturée par une visite aux hauts fourneaux de Rans, auxquels le chemin de fer de Gray apporte le minerai extrait des gisements d'Ougney, et aux grands établissements métallurgiques de Fraisans, déjà fondés au commencement du XVIe siècle.

« Mais que ferons-nous quand nos frères seront au collège ? » demanda Andréita, toujours portée à croire qu'on s'ennuierait le lendemain.

« Qui vivra verra, » répondit M\elle Aubriel.

BESANÇON ET SA CITADELLE.

CHAPITRE DEUXIÈME.

BESANÇON.

Avant de quitter Dôle, Melle Aubriel montra à ses jeunes compagnons de voyage la maison de son illustre compatriote, M. Pasteur, si connu par ses découvertes au sujet de la rage. Prenant alors la voie ferrée qui conduit du département du Jura dans celui du Doubs, elle leur fit visiter les grottes d'Osselles, les plus vastes peut-être de toute la France. Une femme du pays leur servait de guide, la torche à la main, et les petites filles furent d'abord désappointées à l'aspect de cette sombre caverne. Mais François avait apporté des feux de Bengale de couleurs différentes, et une clarté féerique illumina soudain les stalactiques qui étaient suspendues à la voûte, et les stalagmites qui se dressaient à la surface du sol, semblables à des colonnes à demi-brisées. Ces ornements bizarres sont formés par les dépôts des matières calcaires contenues dans les eaux qui découlent goutte à goutte du rocher ; quand stalactiques et stalagmites viennent à se rencontrer, elles forment de superbes piliers.

« Que c'est donc beau ! disait Andréita, je vois un palmier, une chaire,

Grottes d'Osselles près la gare de Byans entre Besançon et Salin..

des tuyaux d'orgue... Oh ! si nous pouvions remonter ce ruisseau, nous apercevrions ces cascades dont nous entendons le bruit lointain ! »

Il fallut pourtant quitter les grottes d'Osselles. On reprit le chemin de fer, et on remonta le cours du Doubs jusqu'au moment où apparut une citadelle portée sur un rocher inaccessible et entourée sur trois côtés par les eaux du fleuve.

« Nous sommes à Besançon ! s'écria Carmèle. Papa me l'a montrée si souvent dans l'album des places fortes de la France. Je reconnais les trois enceintes de murailles et les portes munies de ponts-levis, qui ne servent plus pour la défense; pas plus que cette citadelle célèbre construite par Vauban. Ce qui fait de Besançon l'une des premières places de guerre de l'Europe, ce sont les forts qui se dressent sur toutes les collines environnantes, et surtout ceux qu'on a construits depuis la guerre de 1870-71.... Mais, François, comment peux-tu lire tes *bouquins* de collège lorsque tu es en face d'une de nos villes fortes ? »

« Voilà bien la fille d'un colonel, répondit François en riant; mais je t'écoutais très attentivement tout en lisant dans les *Commentaires* de César une description aussi exacte que la tienne.

Jules César dit, en effet, que le Doubs enlace Vesontio, aujourd'hui Besançon, et en fait une péninsule arrondie, « comme tracée au compas. » Écoute maintenant l'académicien Marmier, mort il y a peu de temps :

« Voici, parmi nos vieilles villes de France, l'une des plus nobles et des plus curieuses qui existent, ville de guerre et d'étude, rempart protecteur aux limites du royaume et pépinière de savants. Fière de son antique origine, plus fière encore de l'énergie qui l'a soutenue dans les plus orageuses catastrophes, de l'ascendant qu'elle a su garder dans toutes les révolutions, du mouvement qui l'anime, du travail intelligent qui fait sa richesse, elle porte dans ses armoiries le symbole de son histoire : un aigle à deux têtes qui regarde à la fois le passé et l'avenir ; deux colonnes, emblèmes de sa force, avec cette pieuse devise, signe de son espoir et de ses vœux chrétiens : « *Plût à Dieu.* » Pour l'artiste et le poète, c'est un admirable point de vue ; pour l'historien et l'archéologue, une mine inépuisable de monuments précieux. »

« Quels ont été les premiers apôtres de Besançon ? » demanda Carmèle.

« Deux frères nés sous le beau ciel d'Athènes, répondit Melle Aubriel, saint

Colonnes romaines à Besançon.

Ferréol ou saint Fargeau, prêtre, et saint Ferrutius, diacre. Saint Irénée, évêque de Lyon au IIe siècle, les envoya prêcher l'Évangile dans ces froides montagnes, et après avoir souffert divers tourments, ils furent décapités au pied d'une idole de bronze. Saint Grégoire de Tours nous apprend que leurs reliques, conservées dans la cathédrale de Besançon, opéraient des miracles : elles guérirent son beau-frère d'une grave maladie. »

On était arrivé. Les voyageurs entrèrent par la porte de Dijon et employèrent la journée du lendemain à visiter les principaux monuments de Besançon. Cette ville est d'un aspect triste et sévère, mais caractéristique, gardant l'empreinte des divers maîtres auxquels elle a appartenu : Romains et Bourguignons, empereurs d'Allemagne, rois d'Espagne et rois de France, l'ont possédée sans l'asservir, car elle n'a pas cessé d'être française. On retrouve tous ces grands souvenirs en admirant la Porte Noire ou Porte de Mars, arc de triomphe qui date du temps des Antonins, les ruines du Capitole, et quelques colonnes, restes du théâtre romain. La cathédrale appartient à diverses époques et renferme des toiles de valeur. La Porte taillée rappelle à la fois Jules

César, qui l'avait creusée dans le roc pour établir un aqueduc, et Louis XIV,

Porte Noire à Besançon.

qui l'agrandit pour donner passage à la route de Suisse. L'architecture des édifices espagnols de la Renaissance est représentée par le palais Granvelle, qu'habitèrent jadis l'illustre chancelier de Charles-Quint et son fils, le cardinal de Granvelle. Il est devenu de nos jours l'hôtel des sociétés savantes de Besançon. Cette ville possède, en effet, outre l'archevêché et la cour d'appel, une faculté de droit et une faculté des lettres, une école préparatoire de médecine et diverses sociétés libres. Ses bibliothèques renferment de véritables trésors ; son musée de peinture, ses collections d'histoire naturelle et d'archéologie sont aussi fort riches.

Tandis que François s'absorbait dans l'étude du passé ou visitait les forts et l'arsenal d'artillerie, Melle Aubriel conduisait ses petites amies tantôt dans la vieille ville, qu'entoure le Doubs, tantôt dans la ville neuve, qui s'étend au-delà de la rivière. Chemin faisant, elle leur parlait des hommes célèbres qu'a vus naître Besançon : le poète Mairet qui jouit d'une grande réputation jusqu'au moment où il fut éclipsé par Corneille; le maréchal Moncey, duc de Conegliano, qui naquit à Moncey près de

Besançon, en 1754, s'engagea à quinze ans et mourut à quatre-vingt-huit ans, s'étant illustré par la noblesse de son caractère autant que par ses talents

Palais Granvelle à Besançon.

guerriers ; Charles Nodier, écrivain élégant qui s'est exercé avec succès dans des genres très divers ; Victor Hugo, ce grand poète qui tomba, hélas! dans le délire de l'orgueil et de l'impiété.

« Traversons maintenant le Doubs sur le pont de Battant, continua Melle Aubriel, et dites-moi quelle est la statue que vous apercevez au milieu de cette place. »

« Je vois un homme qui porte le costume de la fin du XVIIIe siècle et qui a un bateau à vapeur à côté de lui, » répondit Carmèle.

C'est le marquis de Jouffroy, le véritable inventeur de la navigation à vapeur, reprit Melle Aubriel. Il appartenait à une illustre famille de la Franche-Comté et c'est sur le Doubs qu'il essaya, en 1776, le premier bateau à vapeur qui ait été construit. Il renouvela cet essai avec succès quelques années plus tard, sur la Saône, à Lyon; mais sans fortune, sans appui, il ne put tirer parti de son invention, qui devait faire la gloire de l'Américain Fulton. »

Le jour suivant, François se joignit à ses cousines pour parcourir le superbe établissement des bains de la Mouillère; mais il tint surtout à visiter les Papeteries bisontines, mues par des machines à vapeur qui donnent 2,000 chevaux de force, et il montra aux deux petites filles comment on transforme, par des procédés mécaniques et chimiques, le bois de sapin en papier de journal.

« Que diriez-vous, ajouta-t-il en se dirigeant vers une autre usine, si je

Pont de Battant à Besançon.

vous prouvais qu'on peut, avec ce même bois de sapin, faire une jolie robe de soie ? »

« Je dirais que tu te moques de nous, » repondit Andréita. »

« C'est pourtant ce que l'on fait tout près des Papeteries bisontines, dans une usine à soie de fondation récente. On extrait du bois de sapin une matière appelée *cellulose;* on la prépare avec de l'éther et autres agents chimiques, et on la fait passer, à l'aide d'un piston dans une filière très fine d'où elle sort semblable à un fil de soie fin et brillant. On en fait des étoffes qui, au début, avaient l'inconvénient d'être explosibles, un peu comme le fulmi-coton. »

« Et quand je m'approcherai du feu portant une robe de soie de Besançon, je pourrai m'enflammer comme une allumette, fit Andréita. J'aime mieux les honnêtes vers à soie du Vivarais; ils font aussi de la cellulose avec la feuille de mûrier, et portent en eux-mêmes la plus fine de toutes les filières. Mais, bien loin de faire explosion, leur soie est moins inflammable que le lin, le chanvre ou le coton. »

La vive réplique de la petite fille avait attiré l'attention d'un employé de l'usine, et lorsque François demanda à visiter la fabrique de soie artificielle, il ne put en obtenir l'autorisation.

« Nous avons été trop bavards, on nous

croit du métier, » dit François s'éloignant à regret.

« Il faudra vous dédommager en étudiant l'horlogerie, la principale industrie de Besançon, dit Melle Aubriel. En 1875, cette ville a fabriqué 419.984 montres, tandis que le reste de la France n'en produisait que 2.050. Besançon exporte ses montres dans le monde entier. Son école d'horlogerie n'a pas assez de places pour ceux qui demandent à y entrer. Mais les diverses pièces qui composent une montre sont fabriquées par des ouvriers spéciaux dispersés dans les montagnes du Jura. Entrons chez un monteur dont on m'a donné l'adresse : François verra avec plaisir comment on assemble tous ces rouages, et nous visiterons ensuite le canal souterrain derrière la citadelle. »

On sait que le Doubs entoure le vieux Besançon à la façon d'un fer à cheval, faisant de la citadelle une presqu'île rattachée au sol par un isthme de rocher. Cet isthme a été percé, il y a peu d'années par un tunnel, dans lequel passe une partie du Doubs. Les bateaux ne suivent plus le cercle que cette rivière trace autour de la ville. Ils prennent le canal souterrain, qui abrège beaucoup la navigation fluviale, et dans lequel on a établi une écluse pour faire communiquer le Doubs inférieur et le Doubs supérieur.

CHAPITRE TROISIÈME.

PONTARLIER.

LE massif montagneux qu'on appelle le Jura est disposé en six chaînes parallèles que longent le Doubs, l'Ognon et la Saône. Quatre de ces chaînes traversent le département du Doubs et sont coupées par de beaux et verdoyants vallons. Les variétés pittoresques que présentent partout ces terrains accidentés, les torrents et les cascades qui réfléchissent les rayons du soleil, offrent aux voyageurs le tableau en raccourci des beautés naturelles qu'ils vont admirer en Suisse. Melle Aubriel désirait montrer ces sites enchanteurs à François et à ses cousines ; aussi avait-elle retenu un petit char qui devait les conduire à Pontarlier et à Salins.

Franchissant la porte taillée et laissant le Doubs à leur gauche, les quatre voyageurs arrivèrent bientôt sur les plateaux francs-comtois, où les petites Méridionales furent frappées de la taille élevée des montagnards.

« Les habitants de la Franche-Comté

PONTARLIER.

sont de tous les Français les plus hauts de stature, leur dit Melle Aubriel. Les plateaux du Jura, trop froids pour les étrangers, sont très salubres pour les vrais Comtois. Forts, silencieux, avisés, mes compatriotes sont naturellement sérieux, d'une fermeté tenace et d'un jugement solide. Très portés à l'étude des sciences exactes, ils envoient à l'École polytechnique plus d'élèves que les autres départements. Ils montrent de la bravoure sur les champs de bataille et le goût du travail en temps de paix. Sur cent Comtois, quatre-vingt-seize savent lire... Mais voyez-vous cette jolie petite ville sur les bords de la Loue? C'est Ornans où nous allons passer la nuit; nous y trouverons une belle église du XVe siècle, un hôtel-de-ville assez remarquable, et les ruines d'un vieux château. Demain, fillettes, vous irez avec François parcourir la ravissante vallée de la Loue; je ne pourrais faire à pied cette longue course, mais nous nous retrouverons à la ferme des Genévriers, d'où l'on découvre dans toute sa fraîche et pittoresque beauté le vallon de Mouthier avec sa magnifique ceinture de bois et de rochers. »

Les enfants y arrivèrent le soir rayonnants de bonheur : « Oh ! Mademoiselle, quelle délicieuse promenade ! » s'écria

Vallée de la Loue en dessous de la source.

Carmèle se jetant au cou de sa vieille amie.

« Je ne sais vraiment pas pourquoi l'on néglige le Jura français pour le Jura bernois, dit son cousin. Quoique appartenant à la Suisse par ma mère, je n'ai pas vu de source plus remarquable que celle de la Loue. Représentez-vous un cirque de rochers de cent mètres de hauteur, percé d'une ouverture qui me-

Source de la Loue.

sure plus de soixante mètres; calme dans les profondeurs de cette grotte, la belle rivière aux eaux vertes en sort avec impétuosité, assez puissante pour faire mouvoir une usine. Après avoir formé une superbe chute d'eau, elle va de cascade en cascade jusqu'à Ornans, bondissant au milieu des rocs moussus, et mettant en mouvement plusieurs forges. On dit qu'elle doit son nom, la Loue,

Les grands rochers de Mouthier.

ou la Louve au cours impétueux de ses eaux dans les grandes crues, et aux déprédations qu'elle exerce alors sur ses bords. »

« Et la route de Mouthier taillée à travers le rocher, n'as-tu pas dit, Fran-

çois, que c'était un travail admirable ? »
reprit Andréita. « Oh! Mademoiselle,
laissez-moi vous parler de la cascade de
Syratu, de ces gerbes de diamants qui
se brisent sur des rochers couverts de

Bords de la Loue à Ornans.

feuillage, et de cette écume argentée
qui rejaillissait jusque sur nous !.. Mais
non, j'aime mieux vous redire ce que j'ai
appris dans une légende franc-comtoise
sur les Dames vertes qui dansent le soir
au milieu des prairies de Mouthier, les

Pleurants des bois qui gémissent sous les noirs sapins, et surtout la Vouivre, cette couleuvre ailée qui porte un œil de diamant au milieu du front; elle le dépose sur la mousse lorsqu'elle va se plonger

Au-dessus de Mouthier.

dans les eaux transparentes de la Loue. Heureux celui qui peut alors saisir ce trésor ! »

Les fantastiques réminiscences d'Andréita furent interrompues par la prudente Melle Aubriel, qui emmena les deux fillettes dans la petite chambre

Cascade de Syratu, près de Mouthier.

préparée pour elles. Elles étaient un peu lasses, en effet, le lendemain lorsqu'elles arrivèrent à Pontarlier, chef-lieu d'arrondissement, situé à 870 mètres d'altitude, sur les bords du Doubs. François alla seul à la superbe cataracte qu'on appelle le *Saut du Doubs*, et elles se contentèrent de visiter cette petite ville de 6.000 âmes qui occupe de nombreux ouvriers pendant les longs chômages de l'hiver, grâce au travail de l'horlogerie ou de la boissellerie ; on y fabrique aussi de l'absinthe. Mais la principale importance de Pontarlier lui vient de son commerce de transit avec la Suisse, vers laquelle deux chemins de fer se dirigent à travers les gorges du Jura.

Le jour suivant, ils purent tous se rendre au fort de Joux, citadelle fameuse qui se dresse sur un rocher de 200 mètres de hauteur et domine un paysage d'un aspect grandiose. François expliqua à ses cousines que cette forteresse était aussi une prison d'État où Mirabeau, le célèbre orateur de l'Assemblée Constituante, expia pendant quelque temps les désordres de sa jeunesse ; le nègre Toussaint Louverture, qui avait soulevé l'île de Saint-Domingue contre les

Blancs, y mourut de froid en 1803. Carmèle et Andréita étaient toutes frissonnantes en quittant ces sombres murailles; elles n'eurent aucune envie d'aller au

Forts de Joux et du Larmont.

fort du Larmont, vrai nid d'aigle qu'elles apercevaient 30 mètres plus haut, et ce sentiment de frayeur les poursuivit dans la gorge étroite et sévère de la Cluse, où le Doubs, la route et la voie ferrée se pressent dans un espace resserré.

De plus douces impressions les attendaient au joli lac de Saint-Point que forme le Doubs, alors simple torrent ; assises à l'avant d'une petite barque,

Fort de Joux et Saint-Pierre de la Cluse.

elles écoutaient l'histoire de saint Point, qui, au XIIe siècle, bâtit un ermitage sur les bords de ce lac auquel il a laissé son nom. François avait pris les rames d'une main exercée et faisait glisser la frêle embarcation sur cette nappe d'eau limpide comme du cristal et resserrée entre deux chaînes de collines. Tout à coup cette surface d'azur s'empourpra aux rayons du soleil couchant, et la petite barque glissait toujours, laissant derrière elle un sillon de feu dans lequel se jouaient les carpes aux flancs argentés

Lac de Saint-Point.

et les martins-pêcheurs aux ailes bleues, à la poitrine orangée ; les bords ondulés du lac découvraient successivement de riants villages et des prairies ombragées d'arbres d'hivers, sapins superbes, buissons de noisetiers, frênes vigoureux, alisiers et sorbiers semés au hasard par le caprice des vents et pourtant admirablement groupés.

« Que c'est beau! » murmura Carmèle au milieu du grand silence qui régnait de toutes parts; elle n'osa en dire davantage : il lui semblait que l'écho de sa voix allait briser le tableau magique qui se déroulait sous ses yeux, et qui lui parut au contraire resplendir d'un charme nouveau quand la voix grave et religieuse de François lui répondit :

« Que seront donc les Cieux, si la terre est si belle ! »

CHAPITRE QUATRIÈME.

SALINS DU JURA.

On peut se rendre de Pontarlier à Salins par la voie ferrée, mais combien il est préférable de traverser en voiture la forêt de Levier, où se trouvent, assure-t-on, quelques-uns des plus beaux sapins de l'Europe! Ce bois fait partie de l'immense forêt sequanaise qui, au temps de Jules César, couvrait tout le massif du Jura. Entrecoupée de clairières et de marécages, traversée par de larges cours d'eaux dont les flots entraînaient les arbres qu'avait déracinés l'orage, cette forêt était entourée de la part des Gaulois d'un religieux respect. C'était au fond de ces bois que se tenaient leurs assemblées politiques, les conseils des prêtres et des chefs militaires, comme aussi c'était sous leurs ombrages que le Celte aimait à reposer dans le dernier sommeil. Mais Carmèle et Andréita ne se plaisaient point à évoquer ces souvenirs antiques. Dès qu'on fut arrivé dans une clairière tapissée de mousse, elles demandèrent à descen-

SALINS ; au fond le MONT POUPET.

dre de voiture pour cueillir des fraises sauvages, des morilles et des pommes de pin. Dans les profondeurs de la forêt, le coucou répondait à la voix rieuse des petites filles qui lui demandaient leur âge : Deux ans, six ans, disait le coucou,

Les grands sapins de la forêt de Levier entre Pontarlier et Salins.

au milieu des éclats de rire des fillettes qui lui reprochaient ses erreurs. Après avoir poursuivi les écureuils sous les branches entrelacées des sapins, elles revenaient s'asseoir auprès de Melle Aubriel, et se faisaient des colliers avec les fruits rouges du sorbier pendant que François leur racontait comment saint Colomban avait parcouru cette même forêt au temps de saint Gontran, fils de Clotaire Ier, luttant contre les loups et les ours, et gagnant à la vie monastique les jeunes seigneurs burgondes.

Melle Aubriel leur décrivait aussi les plaisirs de l'hiver lorsque les sapins portaient sur leurs longs rameaux le poids des neiges.

« Quel plaisir, leur disait-elle, de s'asseoir dans un traîneau au bruit des grelots d'un cheval animé par cette vive température, de courir, de voler à travers monts et ravins sur la neige étincelante, de franchir l'espace sans cahot et sans secousse avec la rapidité d'un rêve! » Car la neige efface alors toutes les aspérités du terrain, et si elle est ferme et compacte, une voiture à patins y glisse comme sur un chemin de fer.

Mais quand les derniers rayons du soleil se glissèrent sous ces voûtes de verdure, il fallut bien quitter la forêt et aller demander asile à la grande fromagerie qui se trouvait dans les pâturages voisins. C'était une maison rustique, bâtie moitié en pierre, moitié en bois, et couverte, suivant l'usage des Jurassiens, en bardeaux de sapin, ce qui favorise terriblement les incendies ; mais les tuiles coûtent si cher et se détériorent si vite pendant les rudes hivers de ce pays ! Les bardeaux au contraire se façonnent à bas prix et résistent à la gelée. A l'entrée du logis se trouvait la cuisine avec la vaste cheminée sous laquelle le fruitier (on appelle ainsi celui qui prépare les fromages) suspend et tourne sa chaudière lorsqu'il fait cuire le fromage de gruyère. Au fond de cette cuisine s'ouvrait le poêle, c'est-à-dire la chambre boisée du haut en bas, garnie d'un large poêle en faïence et servant à la fois de salon et de salle à manger ; puis la chambre des parents avec un grand lit entouré de rideaux de serge verte, un bénitier et une image de la Sainte Vierge. On était précisément à l'heure où les fermiers apportent le lait de leurs vaches. Le fruitier marqua sur une coche la quantité que chacun lui remettait, et versa le tout dans une immense chaudière qui pouvait contenir 300 litres. « Avec ce lait, dit-il aux enfants, je fais des meules de fromage qui pèsent chacune 25 kilogrammes ; on me paie mon travail, et les fermiers se par-

Cascade du Verneau à Nans-sous-Sainte Anne.

tagent le prix du fromage suivant la quantité de lait que chacun a fournie. »

Le lendemain la voiture déposa les voyageurs au joli village de Nans-sous-Sainte-Anne, d'où ils se rendirent à pied à la source de Verneau. Qu'on se figure au pied d'une enceinte de rocs, surmontée d'une couronne de verdure, un bassin de granit évasé comme une coquille, et dans ce bassin une eau limpide et transparente comme une glace, claire comme

Grotte Sarrazine près des sources du Lison.

une émeraude. Sur la terre humide qui entoure le bassin s'étend une ceinture de gazon parsemée de myosotis ; l'eau pure qui s'échappe à petits flots de son réservoir coule en murmurant sous des feuilles de menthe, des rameaux de framboisiers, et va former à peu de distance une cascade charmante.

« N'est-ce pas le plus joli endroit que nous puissions trouver pour faire notre collation ? » dit François, en débouclant son sac de voyage.

Source du Lison.

« Pas encore, répondit Melle Aubriel, allons un peu plus loin. Nous trouvons réunis ici, dans un espace de un ou deux kilomètres, les sites les plus ravissants. Remontons le lit de ce torrent et nous arriverons bientôt à la grotte Sarrazine. »

Carmèle et Andréita bondissaient comme de petites chèvres sur les blocs de pierre recouverts de mousse, cueillant des fougères gigantesques, lorsqu'elles aperçurent tout à coup une immense caverne qui se creusait dans la roche; c'était la grotte Sarrazine.

Elles y coururent aussitôt et se trouvèrent sous le manteau de saint Christophe. On appelle ainsi une voûte de pierre sous laquelle tourbillonnent des nuées d'oiseaux.

« Quelle immense grotte, Mademoiselle ! s'écria Carmèle ; votre belle église de Dôle pourrait y entrer la tête haute avec son clocher carré ; n'était-ce point ici que les Druidesses se plaisaient à offrir leurs sanglants sacrifices ? »

« Non, répondit Melle Aubriel, je crois plutôt que c'est le palais des Dames vertes, qui vont vous offrir un meilleur repas que le fromage de gruyère et le pain de ménage contenus dans le sac de François. »

Elle frappa des mains, et sur une large table de pierre apparut une corbeille contenant une truite du lac de Saint-

Point, des écrevisses du Verneau, un pâté de carpes du Doubs, et plusieurs bouteilles d'excellent vin de Salins.

« C'est de la magie, murmura Carmèle, je n'y toucherai pas. »

« C'est pourtant un repas tout à fait orthodoxe, répliqua Melle Aubriel en riant, puisque c'est aujourd'hui vendredi. Mais, pour vous rassurer, que l'envoyé des Dames vertes se montre. »

Et l'honnête figure de Ferréol Finois, le conducteur de leur voiture, apparut derrière la corbeille.

Dès que le repas fut fini, on se rendit à la source du Lison, qui se trouve à quelques centaines de pas de la grotte Sarrazine; cette rivière, affluent de la Loue, jaillit d'une vaste caverne en formant une blanche cascade de treize mètres de hauteur, bien plus importante que la source du Verneau. François se hâta d'en prendre le croquis; mais, sur le conseil de Melle Aubriel, il réserva une partie de son temps pour un autre point de vue : le puits Billard, qui est à cinq minutes de la source du Lison.

On éprouve un véritable saisissement

en face de ce cirque de rochers de

Le puits Billard, près des sources du Lison.

100 mètres de haut, qui forme un gouffre effrayant où l'on peut descendre à tra-

vers les rocs éboulés ; on jouit alors d'un superbe coup d'œil : l'eau se précipite en mugissant au fond du puits Billard où elle forme un lac paisible.

Le crayon de François trouva à s'exercer longtemps en face de ce spectacle grandiose, tandis que ses petites cousines apportaient à Melle Aubriel la centaurée, la camomille et la guimauve qu'elle recherchait pour ses malades.

Le soir même, la voiture les conduisit à Salins, jolie ville d'eau située à 12 kilomètres de la source du Lison ; le lendemain, après avoir entendu la messe à l'église Sainte-Apolline, ils montèrent jusqu'au fort Belin, pour jouir du coup d'œil pittoresque qu'offre cette ville, dominée par les forts Belin et Saint-André et le mont Poupet.

L'après-midi fut employée à visiter le grand établissement de bains de Salins ; les personnes qui ne peuvent supporter les bains de mer, trouvent là des eaux toniques et reconstituantes fournies par les salines du voisinage. En abandonnant ces terrains, la mer y a laissé autrefois des dépôts de sel gemme d'où s'échappent des sources fortement salées. Ces eaux sont conduites dans de vastes chaudières où, grâce à l'évaporation, elles produisent chaque année

Église Sainte-Apolline et fort Belin à Salins.

60.000 quintaux de sel qui servent à l'alimention.

François examina avec soin le mouvement des pompes hydrauliques qui aspirent les eaux salées; mais ses petites cousines le quittèrent bientôt pour acheter quelques menus objets en os, en buis, en corne, qui avaient été fabriqués à Saint-Claude et qu'elles voulaient apporter à leurs frères et sœurs.

Assise sous les beaux ombrages du jardin de l'hôtel, Melle Aubriel pensait avec tristesse que dans quelques heures elle se trouverait seule dans son vieil hôtel de Dôle, lorsqu'elle sentit deux petits bras caressants se glisser autour de son cou :

« Mademoiselle, disait Andréita, vous avez été si bonne pour nous ! Nous voudrions vous offrir quelque chose en souvenir de notre voyage. Vous avez perdu tous vos parents ; nous vous donnons deux petites nièces qui vous aimeront beaucoup, vous écriront souvent. »

« Elles sont un petit brin paresseuses, continua Carmèle, mais elles tâcheront désormais de gagner par leur travail beaucoup d'heures de congé, et elle les passeront auprès de vous à Dôle lorsqu'elles iront voir leurs frères les jours de parloir. Dites, tante Aubriel, voulez-vous ces deux petites nièces ? »

« Chères petites bien-aimées! répondit Melle Aubriel en les serrant dans ses bras, il y a bien longtemps que j'ai pour vous un cœur de tante; aucun voyage ne m'aura laissé de plus doux souvenir. »

G. Roxat.

TABLE DES MATIÈRES.

CHAPITRE PREMIER.
Dôle. 7

CHAPITRE DEUXIÈME.
Besançon. 17

CHAPITRE TROISIÈME.
Pontarlier 31

CHAPITRE QUATRIÈME.
Salins du Jura 45

www.ingramcontent.com/pod-product-compliance
Lightning Source LLC
LaVergne TN
LVHW021734080426
835510LV00010B/1255